Antonio Ausania
Francesco Ausania - Amato Ausania

La Sábana Santa
y la Sección Áurea

Sello de armonía

ANTONIO AUSANIA
FRANCESCO AUSANIA - AMATO AUSANIA

LA SÁBANA SANTA Y LA SECCIÓN ÁUREA
Sello de armonía

bubok
EDITORIAL

© Antonio Ausania
© Francesco Ausania
© Amato Ausania
© La Sábana Santa y la Sección Áurea

Julio, 2025

ISBN Libro en papel con solapas: 978-84-685-8961-9
ISBN eBook en ePub: 978-84-685-8962-6

Depósito Legal: M-15005-2025
SafeCreative: 2506192177950

Editado por Bubok Publishing S.L.
equipo@bubok.com
Tel: 912904490
Paseo de las Delicias, 23
28045 Madrid

Dedico este trabajo a mi familia, que ha sido el núcleo fundamental de mi formación humana y religiosa, bajo la guía constante de San Pío de Pietrelcina.

Además, he contado con la valiosa colaboración de mi hijo Francesco, para los temas y cuestiones relacionadas con su experiencia profesional como Médico Forense, y de mi sobrino Amato, quien me ayudó, con su experiencia como ingeniero y diseñador gráfico, a transformar una imagen en una visión.

También agradezco, por su colaboración y el afectuoso apoyo recibido, a mi esposa Enza, mis hijos Fabio y Annamaria, y a mis amigos Vittorio Mignone y Vincenzo Francia.

 *Il Cardinale José Saraiva Martins*

PRESENTACIÓN

Me complace acompañar esta obra con mis mejores deseos, ya que contribuye a sacar a la luz el extraordinario y complejo entramado de uno de los objetos más famosos del mundo, la Sábana Santa de Turín, el lienzo en el que, según la tradición, fue envuelto el cuerpo de Jesucristo después de su muerte.

El autor, el Doctor Antonio Ausania, médico y estudioso, ha trazado con eficacia las líneas históricas, científicas e iconográficas que se cruzan en torno a este objeto y, sobre todo, la imagen arcana y fascinante que se vislumbra en la trama del lienzo: un cuerpo y un rostro que, en su sublime silencio, remiten al misterio de la cruz.

La lectura de estas páginas es rica en emoción y perspectivas, y mientras nos permite hacer un "balance" de la investigación sobre la "cuestión de la Sábana Santa", nos ofrece también ocasiones privilegiadas para ir más allá de la descripción exterior y adentrarnos en el descubrimiento de la estructura profunda del misterio que, como se decía, nos envuelve.

Objeto famoso, como se decía.

Pero famoso no solo a los ojos de un creyente, sino también desde el análisis meticuloso y metódico del progreso científico, lo que permite hoy una comparación más ágil que en el pasado. Los resultados, que van surgiendo con el incansable avance de la investigación, completan cada vez más el mosaico de este objeto misterioso.

Y el Doctor Ausania no deja de señalarlos con precisión e "intelecto de amor".

El resultado es esta publicación: ágil y, al mismo tiempo, rica y documentada, que vale la pena reseñar, mientras se señalan las etapas de un largo camino y las perspectivas de un futuro en el que la Sábana Santa podrá seguir siendo motivo de admirado y perseguido encanto.

La obra está sustancialmente dividida en dos partes: la primera presenta un balance de los estudios científicos, y la segunda avanza una propuesta de lectura, sin postular tesis demostrativas.

No necesito extenderme mucho sobre estas páginas.

Solo quiero reiterar que el texto es capaz de suscitar interés en todo tipo de lector, creyente o no creyente, porque en él conviven elementos significativos, intuiciones y destellos, asociaciones de ideas y recorridos de significado.

Al sumergirnos en la lectura, nos dejamos conquistar por un relato documentado y cautivador, que, respetando las exigencias del lenguaje ensayístico, proyecta al lector hacia un horizonte de sentido, hacia el Más Allá y hacia el Otro.

Surge así un rostro concreto y reconocible: el del Hombre de la Sábana Santa.

Que, a su vez, de forma inédita y providencial, remite al de la Virgen de Guadalupe.

Rostros que "atraviesan" la página.

Los rostros de la Belleza.

Como expresó un día Albert Einstein, «la perfección de las formas depende de la precisión de las fórmulas».

Y es precisamente esa armoniosa perfección la que el ojo intuye en Jesús y María, lo que este volumen demuestra, anclándola a aquella fórmula matemática, la sección áurea, la divina proporción, que constituye la base científica de la belleza.

En el trasfondo —y el Autor no deja de aludir a ello—, permanece la pregunta de las preguntas, la que sigue inquietando los corazones humanos:

¿Cuál es el sentido del dolor en nuestra vida?

Y el Hombre de la Sábana, él que es el icono del sufrimiento,

¿tiene algo que ver con nuestro dolor?

Todo esto se entrega al lector atento y disponible.

Buena lectura, pues.

Con el deseo de que todos sepamos escuchar la voz humilde y poderosa de este Hombre.

Una voz siempre válida, que sigue resonando también en el mundo desencantado en el que vivimos.

La voz de Aquel que es la Palabra creadora y renovadora de todas las cosas.

Y un agradecimiento al Autor, por su valiosa e innovadora contribución a dicha escucha.

José Card. Saraiva Martins

CONTENIDO

LA SÁBANA SANTA Y LA SECCIÓN ÁUREA, SELLO DE LA ARMONÍA

Amo y estudio la historia, pero no soy historiador. Amo y busco la ciencia, pero no soy científico. Amo a mi Dios por encima de todo, pero no soy teólogo. Amo y admiro la belleza en todas sus expresiones, pero no soy artista.

A menudo, cuando me encuentro ante algo verdaderamente sublime: un espectáculo natural, una obra de arte, una profunda manifestación del pensamiento o sentimiento humano, me invade un profundo deseo de compartir la emoción que siento con quienes amo.

Es esta necesidad la que me impulsa a dar testimonio de un camino de investigación y profundización, un encuentro que considero la manifestación más misteriosa de la belleza y la armonía universal: la Sábana Santa, el lienzo que lleva la marca indeleble de Dios hecho hombre.

Escribir sobre la Sábana Santa, el objeto más estudiado del mundo, podría parecer un acto de intolerable presunción. Sin embargo, es cierto que, debido a sus características extraordinarias, nunca dejaremos de interrogarnos sobre los innumerables aspectos con los que provoca el interés y la sensibilidad de quienes se acercan a esta imagen. La Sábana Santa habla a cada uno de nosotros de manera directa, y es legítimo para todos expresar su implicación personal.

En la primera parte de esta exposición, he considerado oportuno resumir estudios antiguos y recientes que orienten a los lectores sobre el tema que vamos a profundizar.

Por lo tanto, resumiré las características de este increíble objeto, que ha llegado hasta nosotros a través de un itinerario sumamente complejo, utilizando fuentes históricas ampliamente documentadas. Espero que mi intento de simplificación facilite el acercamiento a este tema incluso a aquellos que hasta ahora no han tenido acceso a estudios específicos.

FUENTES HISTÓRICAS SOBRE JESÚS

El biólogo agnóstico Yves Delage afirmó que, si la sábana hubiera envuelto el cuerpo de cualquier otro personaje histórico (César, Carlomagno, etc.), los estudiosos ya habrían certificado su autenticidad debido a las circunstancias y evidencias inequívocas que encierra.

Sin embargo, cuando concluyó que la Sábana Santa había envuelto el cuerpo del personaje histórico Jesús de Nazaret, estalló una violenta reacción de rechazo hacia su tesis que lo dejó asombrado y amargado. No había comprendido este hombre honesto que certificar con una reliquia incluso la mera existencia histórica de Jesús chocaría con poderosos grupos de influencia, ya entonces dominantes en el mundo de la comunicación, impregnados de un obtuso fundamentalismo laico.

Jesús de Nazaret no es una figura mítica o legendaria. Realmente vivió en Palestina en una época histórica correspondiente a lo que afirman las Sagradas Escrituras que hablan de Él. Existe una bibliografía romana, aunque no muy extensa, ya que Palestina se consideraba entonces una región periférica y poco relevante dentro del vasto Imperio Romano, pero que lo menciona varias veces.

Encontramos referencias a Jesús en los "Anales" de Tácito, en "Vitae Neronis et Claudii" de Suetonio, en la "Epístola" de Plinio el Joven a Trajano, en la carta de Publio Lentulo (gobernador de Judea) al Senado Romano. También encontramos noticias más detalladas en

Flavio Josefo, quien en "Antiquitates Judaicae" escribe sobre Yehoshúa ben Yosef como el Cristo, maestro, predicador seguido y escuchado, autor de obras extraordinarias, ejecutado por Pilato mediante crucifixión, resucitado al tercer día y aparecido a sus discípulos.

Existen también los Evangelios Apócrifos, declarados como tales por el Concilio de Nicea en 325, que entre unos 300 evangelios entonces circulantes, adoptó como Canónicos solo cinco. El Concilio incluyó, además de los de Marcos, Mateo, Lucas y Juan, el de Bernabé, que posteriormente el papa Dámaso, elegido en 366, declaró apócrifo. Sin embargo, es evidente que, incluso los Evangelios Apócrifos, aunque desprovistos de significado doctrinal, conservan su valor histórico y literario.

Cabe señalar que también las Escrituras Islámicas en los "Ahadith" hablan de Jesús como concebido por María Virgen, por intervención directa de Dios, aunque lo reconocen únicamente como un Gran Profeta al igual que Abraham, Moisés y posteriormente Mahoma.

Por tanto, es innegable, a la luz de las fuentes históricas, que Jesús realmente existió, aunque reconocerlo como Hijo de Dios y Dios mismo es una elección de fe.

DESCRIPCIÓN DE LA SÁBANA SANTA

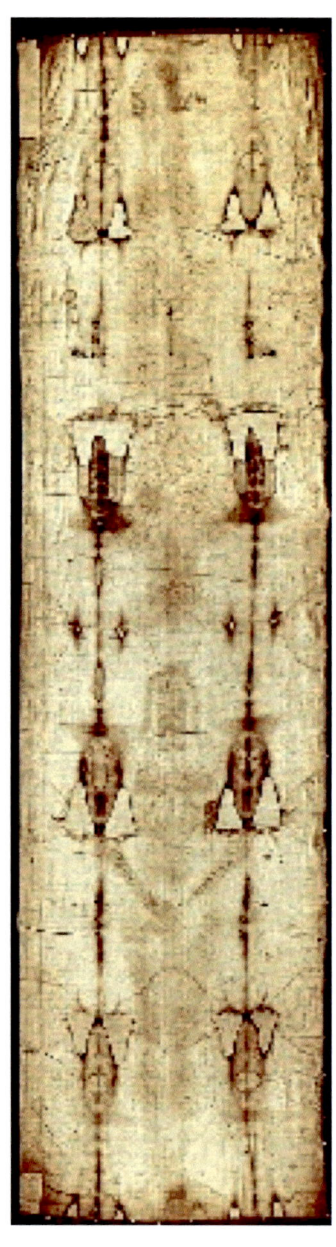

Antes de realizar cualquier evaluación o consideración, es necesario hacer una breve y necesariamente somera descripción del lienzo funerario, conocido como la Sábana Santa, que se cree envolvió el cuerpo de Jesús.

La Sábana Santa es un lienzo de lino, tejido en espina de pez, que antes de su última restauración, la cual modificó ligeramente sus dimensiones, medía 4,36 m de largo y 1,10 m de ancho. Contiene impresa en negativo, y con efecto tridimensional, la huella frontal y dorsal de un cuerpo humano.

Tanto el cuerpo como el rostro impactan por su belleza y armonía, que incluso las marcas de torturas extremadamente crueles no han logrado desfigurar. La belleza y la armonía constituyen la principal motivación de los estudios que se desarrollarán posteriormente. El negativo fotográfico de la impresión devuelve, en positivo y con mayor detalle, la imagen de un hombre alto, robusto, elegante, con bigote, barba y cabello largo. Tanto en la imagen frontal como en la dorsal se pueden observar, hasta en los más mínimos detalles, las marcas de la Pasión y la Crucifixión descritas en los Evangelios. También son evidentes las huellas de dos incendios que dañaron el lienzo y manchas causadas por agua. Las marcas de sangre están en positivo, y el tejido que las cubre no revela signos de la imagen, lo que sugiere que esta se produjo posteriormente y de una manera diferente al simple contacto.

Se presume que el cuerpo no fue lavado, salvo de forma somera después de la muerte, ya que el lienzo presenta, en correspondencia con las lesiones infligidas, derrames de sangre que son coherentes con las descripciones de los traumas sufridos y la posición en la que se encontraba el cuerpo.

Asimismo, se ha verificado en estudios recientes que las marcas de sangre, de grupo AB humano, no presentan características idénticas en todo el lienzo. El dato impactante es que, en las heridas infligidas mientras el hombre de la Sábana estaba vivo, la sangre tiene características propias de una persona viva, mientras que en las heridas infligidas tras la muerte, la sangre es cadavérica, lo que hoy puede determinarse fácilmente mediante análisis comunes en medicina forense.

Otro detalle igualmente asombroso es la presencia de sangre venosa o arterial, según la posición anatómica de venas o arterias. Además, esta sangre es rica en bilirrubina, una característica que se encuentra en personas que han sufrido graves traumas.

Estos conocimientos ciertamente no podían formar parte del bagaje cultural de un hipotético falsificador medieval, quien no habría podido imaginar las actuales capacidades diagnósticas de la medicina legal moderna.

En la región del hemitórax derecho hay rastros de sangre y suero separados por el fenómeno de disociación. En la frente y en la nuca hay múltiples heridas puntiformes, con derrames hacia abajo, como las que podría causar la imposición de un casco de espinas. Uno de los derrames en la frente, muy evidente, recuerda la forma del número 3.

Todo el rostro muestra rastros de numerosas contusiones y traumas. Entre estos, destaca la fractura del tabique nasal. En el torso, la espalda, los glúteos y los muslos, son visibles lesiones compatibles con flagelaciones efectuadas con el uso del *Flagrum* romano, aunque con una intensidad que excede las penas prescritas por la ley romana. En las regiones escapulares derecha e izquierda hay lesiones compatibles con el transporte del *patibulum*, una viga rectangular de unos 70 kg de peso y 2 metros de longitud, que provocó la luxación del hombro derecho.

La muñeca izquierda (la derecha no es visible) presenta una herida puntiforme ligeramente alterada por fenómenos de tracción. El pulgar no es visible, probablemente debido a la estimulación traumática del nervio mediano causada por la inserción de un grueso clavo.

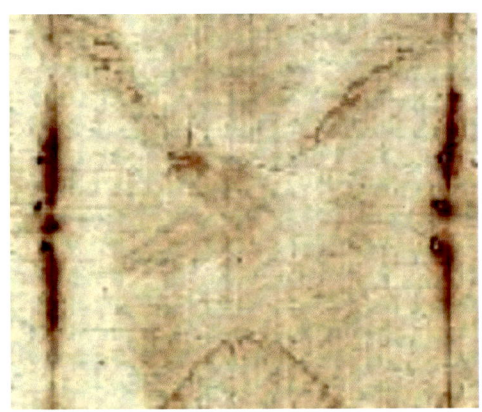

Los estudiosos, sin embargo, están divididos respecto a cómo pudo ocurrir esto. Algunos sostienen que el clavo fue insertado en la muñeca, en el espacio anatómico de Destot.

Esta tesis, que no comparto, contrasta con la del profesor Frederick Zugibe, quien argumenta que el clavo fue insertado en la parte superior de la mano de manera oblicua y emergió exactamente donde lo muestra la Sábana. Si el clavo se guía a pocos centímetros del surco tenar, angulado hacia la muñeca y ligeramente hacia el pulgar, naturalmente se orienta hacia un espacio creado entre el metacarpo del dedo índice y el capitado, saliendo por la muñeca sin encontrar particular resistencia ni causar fracturas. Este trauma además induce al músculo flexor del pulgar a retraer el mismo hacia la palma de la mano debido al daño infligido al tronco del nervio mediano. La inserción del clavo en este espacio anatómico, denominado zona Z, también responde a la objeción de que dicha ubicación no habría soportado el peso del cuerpo, que además estaba clavado por los pies. Es, de hecho, un punto anatómicamente muy resistente que debió ser conocido por verdugos experimentados en crucifixión. Clavar en la palma de la mano justificaría además el aparente alargamiento de los dedos causado por la compresión del clavo.

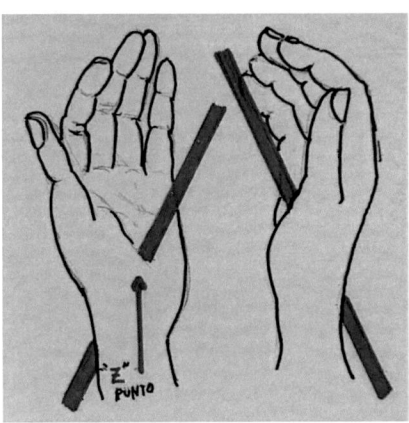

El primero en sostener esta tesis fue Alfonso Paleotto, arzobispo de Bolonia, quien acompañó a San Carlos Borromeo en su peregrinaje a Turín en 1598. Una confirmación sugerente de esta modalidad de transfixión se encuentra en la tradición literaria y artística que, durante siglos, ha representado al Crucificado con clavos en las manos, y en la experiencia mística de los estigmatizados, como San Francisco y San Pío de Pietrelcina.

Además, hay un claro testimonio en el Evangelio de Juan que, sobre la incredulidad de Tomás, dice: "Si no veo en sus manos la señal de los clavos..." y más adelante: "Pon aquí tu dedo y mira mis manos", en correspondencia con el Salmo 21, 17: "Han taladrado mis manos y mis pies".

Los miembros inferiores no presentan rastros de fracturas, en contraste con la práctica habitual de la época, que implicaba este procedimiento en los crucificados para acelerar su muerte, la cual ocurría por asfixia. Este detalle refuerza la idea de que estamos ante un condenado especial. En la planta de los pies es visible la imagen de una lesión rectangular, compatible con la perforación de un gran clavo.

La postura del cuerpo sugiere que en el cadáver del hombre de la Sábana Santa ya había comenzado el rigor mortis. Además de las marcas visibles en la imagen del cuerpo y los rastros de sangre en la Sábana, se han encontrado, a la altura de las rodillas, partículas de tierra identificadas como aragonita, una sustancia común en las calles de Jerusalén.

El examen microscópico del tejido también revela la presencia de polen, así como rastros de mirra y aloe.

EL ITINERARIO Y LA HISTORIA DE LA SÁBANA SANTA

Tras esta breve descripción de la Sábana Santa, es oportuno intentar reconstruir sus rastros y los acontecimientos históricos que han llevado este extraordinario objeto hasta nosotros.

Existen múltiples referencias en los Evangelios al lienzo funerario que, por obra de José de Arimatea, envolvió el cuerpo de Jesús. Sin embargo, no se sabe qué ocurrió con él tras su hallazgo en el sepulcro. Es fácil imaginar que los discípulos, en un contexto de persecuciones, sospechas y delaciones, que acompañaron el surgimiento de la iglesia primitiva, consideraran prudente ocultarlo, dado que la ley judía habría prescrito su quema. Esto no ocurrió, en parte porque los primeros cristianos ya estaban convencidos de encontrarse ante un objeto extraordinario por las circunstancias de su descubrimiento.

Los discípulos Pedro y Juan, al entrar en el sepulcro, "vieron y creyeron". Probablemente se encontraron con el lienzo aún sellado, pero colapsado, como si el cuerpo contenido en su interior se hubiera desmaterializado. De hecho, en la Sábana Santa no hay rastros de desplazamiento o arrastre del cuerpo sobre el lienzo, como sería lógico esperar encontrar.

Uno de los posibles itinerarios de la Sábana Santa.

LA IMAGEN DE JESÚS

El primer gran historiador que menciona una imagen de Jesús es Eusebio de Cesarea, quien vivió entre el 265 y el 340. Eusebio relata la tradición de un Santo Rostro de Jesús, conocido como el Mandylion, una imagen *acheropita* (no hecha por manos humanas), conservada en Edesa, en el sureste de Turquía, en la iglesia de Santa Sofía. El rey Abgar, afectado por lepra, habría sido milagrosamente curado gracias a un retrato taumaturgico que Jesús mismo le entregó.

En los *Acta Taddei* se narra que Jesús reprodujo su imagen simplemente aplicando un lienzo sobre su rostro. Una confirmación de que el Mandylion era en realidad la Sábana Santa, doblada dos veces en cuatro partes (*tetradiplon*), puede observarse en que la imagen del rostro es prácticamente la misma, como se desprende de las diversas copias realizadas del Mandylion. Otra confirmación de este hecho se encuentra en una miniatura de la crónica de Juan Skylitzès (siglo XIII), que muestra al emperador Romano I Lecapeno recibiendo devotamente la Sábana Santa y besándola.

La miniatura muestra claramente la Sábana Santa como un amplio lienzo cuya parte frontal está doblada varias veces. El rostro barbudo se encuentra casi en el centro, y la parte posterior doblada cae abundantemente sobre los hombros del personaje que la sostiene. Sin duda, se trata de un lienzo de más de 4 metros de largo y no de un pañuelo que representara solo el rostro.

El emperador Romano I Lecapeno llevó triunfalmente el lienzo en procesión a Constantinopla el 15 de agosto del 944 y lo colocó en la iglesia de Teotokos del Faro. Allí fue venerado posteriormente por diversos soberanos. En 1147, Luis VII de Francia lo visitó, y en 1171, Manuel I Comneno se lo mostró a Amalrico, rey latino de Jerusalén. En 1204, Jerusalén fue saqueada por las tropas de la Cuarta Cruzada.

En un relato, el caballero Robert de Clary menciona la Sábana Santa como el lienzo que había envuelto el cuerpo de Jesús y que se mostraba cada viernes "en toda su longitud, de manera que se podía ver claramente la figura", en el monasterio de Santa María de Blachernae. No hay la menor duda de que hablaba de la Sábana Santa tal como la conocemos. En el mismo relato añade que se desconoce qué ocurrió con ella durante las confusas fases del saqueo.

En 1205, Teodoro Angelo Comneno escribió al papa Inocencio III pidiéndole, sin éxito, que ayudara a recuperarla. Es lógico pensar que quien poseyera en ese momento una reliquia tan valiosa tuviera interés en mantenerla oculta, especialmente porque se trataba de un objeto fruto de una apropiación ilícita, legítimamente reclamada por los bizantinos.

Es casi seguro que la Sábana Santa cayó en manos de los Caballeros Templarios, una poderosa y rica orden monástico-militar que fue destruida en 1314 por Felipe el Hermoso, rey de Francia. Una de las acusaciones contra los templarios, quien en realidad buscaba apropiarse de su enorme riqueza, fue la idolatría. Se les acusó de adorar un simulacro con rostro barbudo (el Bafometo), que en realidad era la Sábana Santa doblada de forma que solo se mostrara el rostro. La veneración del Rostro de la Sábana Santa por los templarios está confirmada por el hallazgo, en el castillo de Templecombe, de un gran panel de madera con un rostro barbudo que presenta sorprendentes similitudes con el de la Sábana Santa. La madera tiene un espacio que podría haber contenido el lienzo doblado.

En 1353 encontramos la Sábana Santa en Francia, en Lirey, donde fue expuesta por Geoffroy de Charny. Es interesante notar que entre los altos dignatarios de la Orden de los Templarios, quemados en la hoguera por orden del rey Felipe, había un homónimo suyo. Es probable, por tanto, que la reliquia le llegara a él debido a su pertenencia a la misma casa noble.

En 1389, Geoffroy de Charny II obtuvo del cardenal Pierre de Thury la autorización para exponerla, lo que provocó el resentimiento y la fuerte oposición de Pierre d'Arcis, obispo de Troyes. Este, cegado por la envidia hacia el prestigio y, sobre todo, por las ricas ofrendas obtenidas gracias a la ostensión a miles de peregrinos, declaró que la Sábana Santa era una falsificación pintada con el propósito de lucrarse. Su declaración inició una controversia que continúa hasta nuestros días y que, en realidad, esconde conflictos de otro tipo.

Que la Sábana Santa de Lirey sea la misma que conocemos hoy queda demostrado por el hallazgo, en 1885, de un medallón de plomo en el río Sena, considerado el documento más antiguo sobre una ostensión de la Sábana.

Este medallón, probablemente conmemorativo de una ostensión o de un peregrinaje, presenta en relieve la imagen de la Sábana de la manera tradicional: la figura frontal a la izquierda y la dorsal a la derecha. Incluso muestra claramente los detalles del tejido de lino en espina de pez. Se puede datar con seguridad en una fecha anterior a 1356 (año de la muerte de Geoffroy de Charny), ya que está adornado con su escudo de armas.

Más tarde, en Besanzón, la Sábana sufrió daños a causa de un primer incendio. Luego pasó de manos de Humbert de La Roche a Luis II, duque de Saboya. En los años siguientes, Filiberto II la adquirió, y más tarde, Carlos III la trasladó a Chambéry, donde en 1532 sufrió graves daños en un segundo incendio. En esa ocasión, algunas gotas de plata fundida, procedentes del relicario que la contenía, atravesaron 48 capas de plegado de la tela, dejando las características marcas triangulares que aún hoy son visibles.

En 1534, las monjas Clarisas de Chambéry realizaron una restauración mediante remiendos y refuerzos para preservar su conservación. Tras diversas vicisitudes y traslados, en 1578 el duque Manuel Filiberto de Saboya, con el pretexto de acortar el peregrinaje de San Carlos Borromeo, llevó la Sábana a Turín, donde tenía la intención de establecer la capital del ducado.

Recuerdo de la ostensión de 1898 con la imagen en negativo.

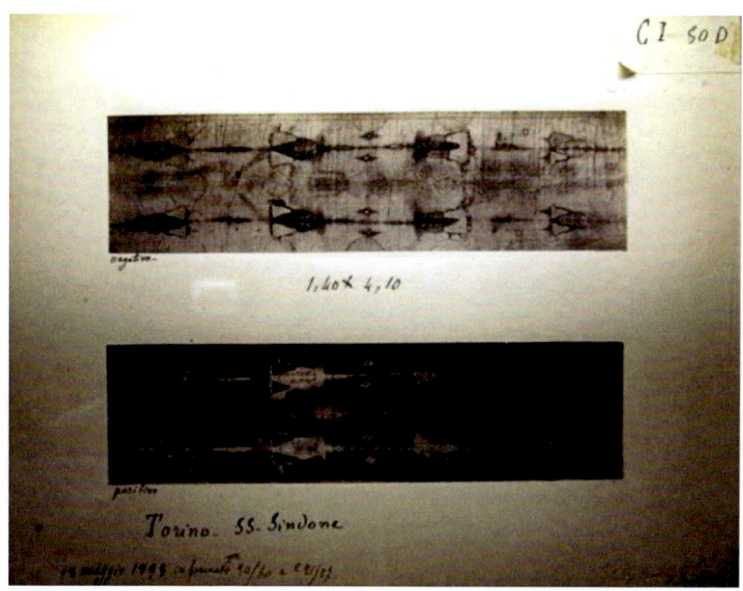

Fotografía de Judica Cordiglia con la imagen en positivo tomada en la misma ostensión.

Con motivo de la ostensión de la Sábana Santa en 1898, de la cual se conserva una reproducción conmemorativa en la colección del autor, se encargó a Secondo Pia la tarea de realizar una fotografía. Esta contribuyó de manera significativa al estudio y conocimiento de la Sábana Santa. El fotógrafo obtuvo las primeras placas fotográficas que revelaron la imagen del Hombre de la Sábana como nunca antes había sido vista. Para asombro de todos, se descubrió que el negativo fotográfico mostraba una imagen en positivo, mucho más clara y evocadora.

Durante la Segunda Guerra Mundial, entre 1939 y 1946, la Sábana fue protegida y oculta en el monasterio benedictino de Montevergine. En 1988, tras la muerte de Humberto II de Saboya, la propiedad de la Sábana fue legada por testamento a la Santa Sede. Ese mismo año se llevó a cabo la controvertida prueba de datación con carbono-14, que ha sido objeto de persistentes debates. Dicha prueba, contradiciendo todas las investigaciones previas (biológicas, microscópicas, historiográficas, numismáticas y otras), fechó la Sábana Santa entre los años 1260 y 1390.

En 1993, la Sábana fue trasladada detrás del Altar Mayor de la catedral de Turín, en la Capilla del Guarini. El 11 de abril de 1997, un violento incendio de origen desconocido se desató en la capilla. Sin embargo, la Sábana Santa no sufrió daños, gracias a la valiente y decidida acción de un bombero que logró romper el vidrio blindado que la protegía y ponerla a salvo.

Hemos considerado necesario reconstruir, de manera sintética, la historia y el probable itinerario de la Sábana Santa para resaltar la continuidad, muchas veces negada, entre el sudario que envolvió el cuerpo de Jesús y el objeto de veneración custodiado en Turín. La Sábana Santa no apareció de la nada en Lirey en 1353, ya que existen sólidas pruebas históricas, literarias e iconográficas que confirman su existencia en siglos anteriores.

INVESTIGACIONES REALIZADAS

La investigación científica sobre la Sábana Santa comenzó en 1898 con su primera fotografía. La imagen obtenida, a través del negativo fotográfico, resultó ser mucho más nítida y clara que el original, revelando que la impresión de la Sábana es, en efecto, un negativo fotográfico. Este dato por sí solo bastaría, en un marco normal de investigación histórica, para refutar dos argumentos de quienes la consideran falsa: no es una pintura ni es medieval (en la Edad Media ni siquiera existía el concepto de negativo fotográfico).

En 1969, Giuseppe Ernie y Giovanni Battista Judica Cordiglia analizaron la Sábana mediante imágenes en color, infrarrojos y ultravioleta. En 1978 se inició un programa de investigaciones llamado STURP (*Shroud of Turin Research Project*), que incluyó estudios espectroscópicos, microscópicos y radiográficos.

Tras tres años de investigación, coordinada por el físico de la NASA John P. Jackson, se declaró que:

- "La imagen del cuerpo en la Sábana Santa está compuesta por celulosa degradada".

La imagen se habría formado por degradación, deshidratación y oxidación de la capa externa de las fibrillas superficiales que componen las fibras del tejido. Además, se afirmó:

- "Las manchas de color rojizo son efectivamente de sangre y se depositaron en el tejido antes de que se formara la imagen del cuerpo".

Las diversas tonalidades de claroscuros son proporcionales a la profundidad de las distintas partes del cuerpo representadas. Esta característica otorga a la imagen una tridimensionalidad que ninguna pintura, ni siquiera de un gran artista, podría conferir.

En 2008, un equipo de investigadores del ENEA (Agencia Nacional de Nuevas Tecnologías, Energía y Desarrollo Económico Sostenible) recreó un amarilleo muy similar al encontrado en el lino de la Sábana, bombardeando un tejido de lino con un láser que emite intensas radiaciones ultravioletas. El dispositivo fue ajustado para emitir un pulso de pocos nanosegundos, pero con una potencia superior a 10 millones de vatios por centímetro cuadrado. De esto se deduce que, para reproducir una imagen del tamaño de la Sábana, sería necesaria una potencia de 34.000 mil millones de vatios, algo que ninguna tecnología moderna puede lograr.

El afán de obtener notoriedad mundial ha llevado en los últimos años a numerosos intentos de reproducir la Sábana, bajo la creencia de que demostrar su reproducibilidad probaría que es un objeto "humano". Sin embargo, los intentos realizados hasta la fecha para replicar la imagen de la Sábana (el más publicitado fue el del profesor Garlaschelli en 2009) no han logrado su objetivo. Aunque algunas reproducciones pueden tener un impacto visual, ninguna ha conseguido replicar la gama de tonalidades que presenta la Sábana, incluso en áreas donde el lienzo no estuvo en contacto directo con el cuerpo. Hasta hoy, todos los intentos de replicar incluso solo la imagen macroscópica (nadie se ha acercado a reproducir la imagen microscópica) son imitaciones toscas, muy distantes de las características originales. No obstante, estos intentos han tenido gran eco mediático y el entusiasta respaldo de ciertos círculos en televisión y prensa.

En 2002, la Sábana fue sometida a una restauración. Se separó del tejido de soporte holandés que las monjas de Chambéry habían colocado en 1534, y se aplicó un nuevo soporte. Durante esta restauración, se realizó por primera vez un escaneo digital completo de ambas caras del lienzo.

El profesor Giulio Fanti, de la Universidad de Padua, destacó en un estudio reciente que, aunque menos definida, la imagen está también presente en el reverso del lino, en correspondencia con la cara frontal. Este descubrimiento abre nuevas y estimulantes líneas de investigación, añadiendo más preguntas a un estudio que parece no tener fin. El análisis al microscopio óptico muestra que cada fibrilla de lino ha sufrido un cambio estructural y de coloración en su exterior, con un grosor de solo 300 nanómetros. En términos sencillos, es como si una fuente de energía, aún no identificada, hubiera atravesado las fibrillas de lino, afectando primero al núcleo interno y, con menor intensidad, a las capas externas, dejando intacta su parte central.

El científico John Jackson ha propuesto la hipótesis de una explosión de energía dentro del cuerpo, simultánea a su desmaterialización, que habría hecho que el lienzo cayera hacia adentro. La energía liberada habría interactuado con las dos superficies externas del tejido sin afectar su interior.

Actualmente, no es posible determinar con certeza cómo ocurrió este fenómeno, pero los científicos están convencidos de que la Sábana aún tiene mucho que revelarnos.

Pasaremos ahora a describir brevemente otros elementos que, a lo largo de años de investigaciones y observaciones, han sido considerados relevantes para evaluar la autenticidad del hallazgo, dado que están estrechamente relacionados con él.

LOS HALLAZGOS RELACIONADOS

Los polenes

En 1973, Max Frei, experto en microtrazas de interés judicial, identificó una gran cantidad de especies de polen del área de Oriente Medio y 17 provenientes de zonas europeas. Algunos de estos polenes pertenecen a plantas que ya no existen pero que vivían en Palestina en tiempos de Jesús. Este dato fue confirmado por hallazgos similares en sedimentos del Mar Muerto. En el año 2000, expertos del *Shroud Millennium Committee* validaron este hallazgo. Ese mismo año, los profesores Avinoam Danin y Uri Baruch identificaron, entre los polenes de Oriente Medio en la Sábana, especies que florecen entre marzo y abril en los alrededores de Jerusalén. Dado que el transporte de estos polenes ocurre mediante insectos, este dato reduce su origen a unos pocos cientos de metros. Todos estos elementos refuerzan la hipótesis de que la Sábana Santa siguió el itinerario previamente sugerido.

LAS MONEDAS

En 1979, Francis L. Filas identificó en el lienzo, a la altura del párpado derecho, la huella de un *Dilepton Lituus*, una moneda del año 29. En 1996, los profesores Baima Bollone y Balossino, de la Universidad de Turín, identificaron en el arco superciliar izquierdo otra moneda: el *Leptum Simpulum*, también del año 29. La práctica de colocar monedas en los párpados de los difuntos, presumiblemente para mantenerlos cerrados, se confirma en el hallazgo de cráneos de 2.000 años con monedas que habían caído en su interior cuando el soporte desapareció. Aunque la identificación de las monedas es controvertida, esto no sorprende debido a la complejidad de la numismática antigua. Sin embargo, este elemento también parece confirmar fechas y lugares que apoyan la autenticidad de la Sábana.

Moneda de bronce (menos definida que la de oro) - de la colección del autor.

Sólido de Justiniano con el rostro de Cristo en el que incluso está presente la nariz fracturada.

LAS INSCRIPCIONES

En 1997, mediante técnicas informáticas, se identificaron inscripciones, o fragmentos de estas, en diversas lenguas sobre la Sábana. El apoyo técnico provino del *Institut d'Optique d'Orsai* del CNRS francés. En los fragmentos reconstruidos se encontraron palabras como: "Jesús Nazareno depositado al caer la tarde… muerto… porque hallado…". Estas inscripciones están en griego, latín y hebreo, lo cual es coherente con Jerusalén como una ciudad cosmopolita de la época. Probablemente son rastros de carteles de papiro que algún funcionario diligente habría colocado para identificar el cadáver. La causa que produjo la imagen de estas inscripciones es uno de los muchos misterios que la Sábana aún no ha revelado. Sin embargo, no puede negarse que estas inscripciones constituyen una asombrosa certificación adicional que respalda la autenticidad del lienzo.

¿ES LA SÁBANA SANTA UN ARTEFACTO?

Examinaremos ahora las principales objeciones de quienes consideran que la Sábana Santa es un artefacto fabricado para engañar a quienes la creen el lienzo funerario que envolvió el cuerpo de Jesús.

El primer investigador en defender la tesis del "fraude" fue, a inicios del siglo XX, Ulysse Chevalier. Este, basándose en el memorial de Pierre d'Arcis, sostuvo que la Sábana era una falsificación pintada con habilidad. Sin embargo, sabemos hoy que la tesis del obispo de Troyes, claramente motivada por la eliminación de un peligroso competidor en ingresos y ofrendas de los peregrinos, es ciertamente errónea.

Independientemente de su origen, la imagen no es una pintura. Igualmente fantasiosa e inverosímil es la tesis, sostenida por algunos, de que la Sábana fue obra de Leonardo da Vinci (ya que solo un genio podría haber creado tal maravilla). Sin embargo, Leonardo nació en 1452, más de un siglo después de que la Sábana ya era conocida con las características que posee.

El análisis de carbono-14

Como mencionamos antes, en 1988 se realizó un análisis para determinar la datación de la Sábana mediante la cuantificación del Carbono-14 presente en el tejido. Este intento, que hemos definido como controvertido, fue, en realidad, una manipulación deliberada.

Una de las cláusulas del acuerdo establecía que el análisis debía realizarse "a ciegas" junto con otros objetos, pero, de manera ridícula, solo uno tenía el distintivo tejido en espina de pez. Los tres laboratorios no llevaron a cabo las pruebas de manera simultánea ni evitaron intercambiar información, incumpliendo los acuerdos. Incluso llegaron a proponer fechas en reuniones secretas. No se consideró la presencia de contaminantes, como moho y bacterias en el tejido, que había sido manipulado en varias ostensiones. Tampoco se valoró el impacto del calor generado en el incendio de Chambéry, que probablemente transformó isotopos de C-12 en C-14, "rejuveneciendo" así la fibra (investigación de Dimitri Kouznetsov). Se descubrió incluso que un laboratorio nunca analizó uno de los fragmentos proporcionados.

Antes de la publicación oficial de los resultados, David Sox había completado un libro titulado *La Sábana desenmascarada*, que fue ampliamente publicitado. En una conferencia de prensa en Londres, el profesor Tite presentó los resultados con una pizarra que mostraba "1260-1390!", proclamando el supuesto fraude.

Sin embargo, cinco meses después, se publicó el informe final. La misión estaba cumplida. La revista *Nature* concluyó apresuradamente que la Sábana era un falso medieval, ignorando incluso una declaración de Tite: «Personalmente, no creo que el resultado de la datación demuestre que la Sábana sea falsa».

En 2011, la cineasta Francesca Saracino, en el documental *La notte della Sindone*, afirmó que, dadas las graves fallas procedimentales, el análisis de C-14 no fue un trabajo mal ejecutado por personas poco capacitadas, sino una manipulación deliberada.

El cardenal Ballestrero, en 1997, al ser preguntado sobre una posible implicación de la masonería en esta controvertida cuestión, respondió: "Creo que es indiscutible". No es casualidad que la prueba del radiocarbono siga siendo citada, contra toda evidencia, como el pilar central de la tesis del fraude, promovida por figuras bien conocidas por su militancia en ciertos círculos.

Recientemente, Andrea Nicolotti retomó estas argumentaciones en un extenso libro, y el 17 de marzo de 2015, un reconocido divulgador histórico publicó un detallado y oportuno artículo en *Corriere della Sera*, apresurándose a elogiar y respaldar su tesis, llegando incluso a calificar la Sábana Santa como *"una increíble leyenda"*.

El científico estadounidense Raymond M. Rogers, del laboratorio de Los Álamos y uno de los mayores expertos en Análisis Térmico, afirmó en un estudio reciente:

"La observación espectroscópica del tejido analizado, junto con los análisis químicos al microscopio, prueban que la muestra utilizada para la datación por radiocarbono no procede del tejido original de la Sábana Santa de Turín. Por lo tanto, la fecha obtenida mediante este método no debe considerarse válida para determinar la verdadera antigüedad de la Sábana".

A la luz de esto, se puede concluir que los exámenes realizados a finales de los años 80 estuvieron marcados por errores metodológicos clamorosos, si no por un claro sesgo intencionado. Investigaciones modernas, tanto químicas como mecánicas, coinciden en afirmar que el tejido tiene aproximadamente 2000 años.

No es casualidad que la prueba del C-14 siga siendo utilizada recientemente y de manera descarada como la única y decisiva argumentación en favor de la tesis del fraude medieval.

EL VERBO SE HIZO CARNE

Jesús existió realmente, como lo documentan rastros históricos y literarios.

La Sábana Santa refleja fielmente los signos de su pasión y muerte, y nos muestra lo que es, muy probablemente, la imagen de su rostro y su cuerpo. De hecho, es a partir de esta premisa, que para mí es una convicción profunda, que comenzó nuestro trabajo de investigación.

Nos preguntaremos entonces sobre la verdadera naturaleza de Jesús, su rostro y su imagen.

En las Escrituras no hay una descripción detallada del aspecto físico de Jesús, aunque se han diseminado varios indicios.

El profeta Isaías, en su primer salmo real, lo anuncia como: "el más bello entre los hijos de los hombres". La síntesis quizá más efectiva sobre su verdadera naturaleza la encontramos en el prólogo del Evangelio de Juan: "El Verbo se hizo carne". Este concepto se explicita en la respuesta de Jesús a Felipe: "Quien me ha visto a mí, ha visto al Padre".

San Pablo, en su Segunda Carta a los Corintios, utiliza esta definición: "...el glorioso evangelio de Cristo, que es imagen (*eikon*) de Dios". La refuerza en la Carta a los Hebreos: "Este hijo es irradiación de su gloria e impronta (*charakter*) de su sustancia".

Algunas indicaciones sobre el aspecto de Jesús nos las proporciona el Evangelio de San Lucas, quien, no en vano, era médico: "...y el niño crecía y se fortalecía, lleno de sabiduría, en estatura y gracia, ante Dios y los hombres".

Sin embargo, para obtener detalles sobre su aspecto, debemos recurrir al testimonio silencioso de la Sábana Santa, que nos ofrece una verdadera "fotografía" de Jesús.

EL ROSTRO DE CRISTO EN LA TRADICIÓN

Con la expansión progresiva del cristianismo, aparecieron las primeras representaciones de Jesús, interpretado como un joven bellísimo de cabello rizado y rasgos delicados, o identificado de forma simbólica o críptica. Solo después de algunos siglos, se difundió ampliamente la iconografía tradicional con características que se relacionan de manera inequívoca con el Rostro de la Sábana Santa. Es probable que este cambio se debiera al hecho de que finalmente fue posible referirse a un rostro ya no imaginario, sino evidentemente acreditado como auténtico. La primera moneda que reproduce el rostro de Jesús es el *Solidus* de Justiniano II.

Giustiniano II, *solidus* di Costantinopoli, 692-695

Este, tras convertirse en emperador en el 685, convocó el concilio de Trullano en el 692, donde se estableció que Cristo debía ser representado con las características de un hombre, evidentemente conocidas, y ya no como un joven o un cordero, como en la iconografía simbólica tradicional. Posteriormente acuñó la primera moneda con la imagen de Cristo: el *Solidus Aureus*. En el reverso, la moneda lleva la inscripción en griego: "Jesús Cristo, Rey de Reyes". La representación del rostro de Jesús es una copia evidente del rostro de la Sábana Santa. De hecho, existen más de 145 puntos de coincidencia.

En medicina forense estadounidense, bastan entre 45 y 60 puntos de congruencia para establecer la identidad o similitud de dos imágenes. Algunas monedas incluso muestran el detalle de la desviación postraumática de la nariz.

Desafortunadamente, gran parte de las reproducciones del rostro de Jesús se perdieron en la lucha iconoclasta, que con altibajos duró más de 100 años, desde el 725, y condujo a la destrucción sistemática de dichas imágenes. El Imperio Romano de Oriente estuvo condicionado por las influencias culturales y políticas del judaísmo y del islam en expansión, que consideraban blasfemas todas las representaciones de lo sagrado, según una interpretación estricta de la ley mosaica.

En 726, el emperador León III el Isáurico ordenó la destrucción de todas las imágenes sagradas, lo que fue seguido por una violenta represión de las revueltas contra esta orden. Posteriormente, el papado reiteró condenas contra la iconoclasia, siendo la última en 843 por parte del papa Gregorio IV, aunque ya se habían causado daños irreparables a un inmenso patrimonio artístico y religioso.

Hacia el año 1000, se difundieron en toda Europa representaciones de Jesús que retomaban su imagen, con evidentes y desconcertantes similitudes con la Sábana Santa, no solo en los rasgos del rostro, sino también en otros detalles.

Por ejemplo:

- La miniatura de la crónica de Juan Skylitzès.
- L'Exultet, conservado en el museo diocesano de Pisa.
- Una lámpara votiva del cementerio teutónico del Vaticano, que incluso muestra el flujo de sangre en la frente, en forma de "3", datan aproximadamente del año 1100.

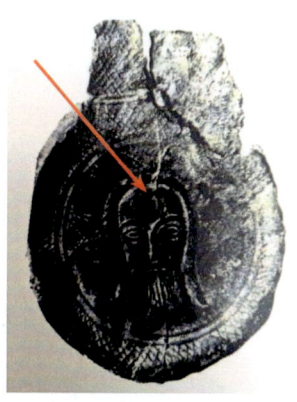

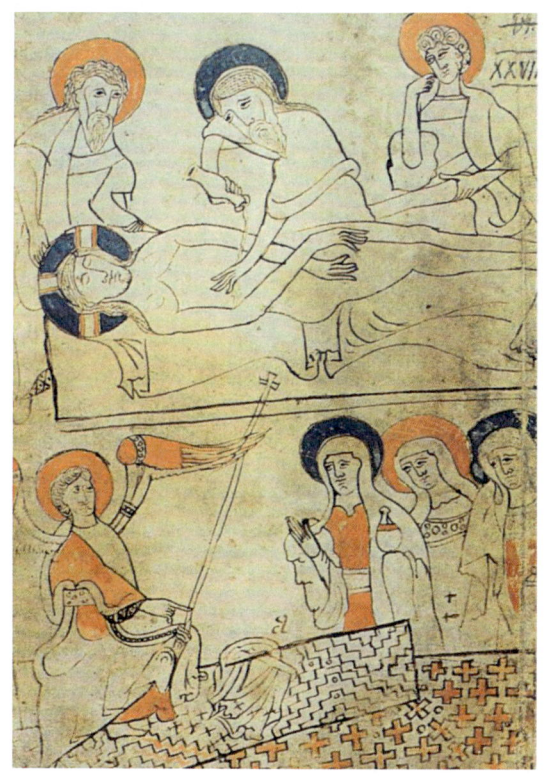

La ilustración del manuscrito *Pray* de Budapest es de 1192.

Un análisis aparte merecen las representaciones artísticas del mismo período que encontramos en las catedrales góticas, ya que introducen un elemento muy importante en el que nos detendremos más adelante: la belleza del rostro de Jesús, identificado como Le Beau Dieu.

En la catedral de Amiens, en el pórtico sur, se puede admirar la famosa escultura de Cristo, que presenta evidentes referencias a la iconografía del Rostro Sindónico.

En el panel de la vidriera de Chartres, que representa la flagelación, se observa cómo la corona de espinas es representada en forma de casco, una característica que concuerda con la imagen de la Sábana Santa. Además, los brazos cruzados evocan la misma postura del Hombre de la Sábana.

En el panel de la crucifixión, el artista representó el muñeca derecha perforada, siendo esta la única visible en la Sábana Santa, mientras que la mano izquierda aparece clavada en la palma. Ambos pulgares están retraídos, una característica que coincide con la postura observada en la Sábana.

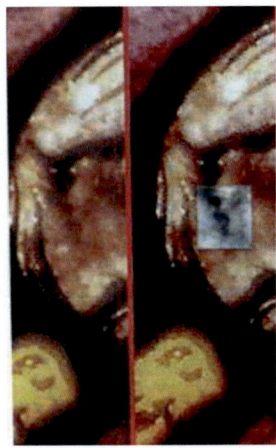

Evidencia de ampliación del número 3 en la frente del crucifijo de Chartres.

En la frente de Jesús se distingue claramente un rastro de sangre en forma de "3", un detalle particularmente sorprendente. Lo más llamativo es que la forma de este número está invertida con respecto a cómo aparecería en una imagen en positivo, lo que indica que el artista comprendió que la mancha de sangre se había formado por contacto directo con la tela.

En la vidriera de la Deposición, una escena realizada alrededor del año 1130, se aprecian sorprendentes similitudes con la imagen de la Sábana Santa:

- Las manos están cruzadas sobre la región púbica,
- El brazo derecho descansa sobre el izquierdo,
- Los pulgares están retraídos,
- El rostro es inequívocamente similar al de la Sábana Santa.

En la catedral de Amiens (1220-1235) se encuentra la escultura que John Ruskin definió como "una de las más nobles piezas de escultura cristiana en el mundo". Su autor es anónimo, lo que sugiere que la atribución de ciertos rasgos al rostro de Jesús ya estaba ampliamente aceptada en la época.

El rostro de esta escultura es percibido inmediatamente como hermoso, hasta el punto de que en la historia del arte se le conoce como Le Beau Dieu (El Dios Bello). El artista plasmó la belleza inspirándose en características que solo podían remitir al Creador mismo de la perfección y del número de la armonía, porque:

"El Hijo de Dios se hizo hombre para que nosotros llegáramos a ser Dios" (San Atanasio).

EL ROSTRO DE CRISTO Y LA PROPORCIÓN DIVINA

En época moderna ha sido finalmente posible un enfoque riguroso sobre esa imagen que, a través de tantas peripecias, ha llegado hasta hoy. Una atenta y detallada descripción de la imagen sindónica nos llega del estudio realizado por los profesores Gedda y Judica-Cordiglia. Los relevamientos antropométricos realizados con gran rigor revisten una enorme importancia, como veremos más adelante.

La longitud máxima de la cabeza resulta ser de 18.48 cm, la anchura máxima de 14.78 cm, la estatura de 183 cm. La altura del rostro es de 23.4 cm (estas medidas, como veremos, revisten una particular importancia).

Los relevamientos realizados llevan a los estudiosos a este comentario:

> *"Junto a la armoniosa belleza del rostro, se nos presenta, en toda la más plena expresión de los términos, un hombre de singular perfección, proporcionado de manera escultórica, tanto en la longitud como en la anchura; en definitiva, un normotipo, cuyos atributos principales son la fuerza y la virilidad."*

El Hombre de la Sábana Santa es bello, como debe ser, dado que Dios creó al hombre a su imagen y semejanza. Solo el pecado original ha introducido en la historia de la humanidad las enfermedades y todas las imperfecciones y daños que han alterado la armonía de la creación, sin lograr, sin embargo, desnaturalizar su esencia. Pero cuando es Dios mismo quien se hace hombre, el pecado original no puede afectarlo de ninguna manera.

Así ha sucedido también con su madre, la Virgen María, la mujer elegida, bendita entre todas las mujeres, bellísima según la tradición, cuyo cuerpo no conoció la corrupción de la muerte. De la Virgen María no nos ha llegado ninguna descripción física, salvo por los relatos de las personas a quienes ha decidido aparecerse milagrosamente. Sin embargo, las apariciones marianas pertenecen a la esfera de la fe y, por lo tanto, interpelan legítimamente solo a los creyentes.

Existe una antigua tradición conocida como la "Leyenda del retrato de San Lucas", que se difundió alrededor del siglo VIII. Esta se refiere a San Lucas evangelista, quien, además de ser médico, en el contexto cultural de la época, también dominaba el arte del dibujo y la reproducción de imágenes. Según esta tradición, San Lucas habría pintado, a petición de María, dos retratos suyos: uno como "Advocata" y otro como "Madre de la Ternura".

De acuerdo con una tradición validada por Juan Damasceno y Tomás de Aquino, numerosas iconas bizantinas, veneradas en diversos lugares de culto, habrían conservado los rasgos y características de estos retratos lucanos.

Sin embargo, existe otra imagen que, al igual que la Sábana Santa, ha desconcertado durante siglos a científicos e investigadores:

La Tilma de Guadalupe

De este enigmático hallazgo y de sus características inexplicables nos ocuparemos más adelante, debido a las sorprendentes analogías que presenta con la imagen de la Sábana Santa.

LA DIVINA BELLEZA Y LA CONSTANTE DE FIDIAS

La percepción de la belleza es un elemento universal de comunicación, capaz de generar una sensación de bienestar, hasta llegar al éxtasis y al aturdimiento, dando lugar al síndrome de Stendhal, precisamente porque la ley de la armonía está presente en toda la naturaleza y en cada persona. La belleza no tiene tiempo ni lugar.

En un interesante estudio, Stephen Marquardt, mediante investigaciones cruzadas, verificó que todos los grupos étnicos tienen la misma percepción de la belleza del rostro y que esta responde a ciertos cánones, estando indisolublemente ligada a una relación matemática basada en un número constante.

Este proporción, conocida desde la antigüedad y denominada de diversas maneras, ha sido identificada con el número irracional 1,618..., denominado φ (phi) o constante de Fidias, en honor al célebre escultor y arquitecto griego.

En este punto, es absolutamente necesario introducir brevemente y de la manera más simple posible algunos conceptos matemáticos para comprender los sorprendentes aspectos de la Sábana Santa y la Tilma de Guadalupe, que nos harán admirarlas y amarlas aún más.

Imaginemos un segmento A-B. Dividámoslo en dos partes, una más larga y otra más corta, seccionándolo en el punto C:

A———————————————C———————————————B

Cuando la parte más corta CB se relaciona con la parte más larga AC de la misma manera que AC se relaciona con el segmento completo AB, se obtiene una "sección áurea", representada por la razón 1,618... (seguida de una serie infinita de cifras que no pueden calcularse exactamente), conocida como Número Áureo.

La Sección Áurea puede definirse, por tanto, como la relación entre dos longitudes desiguales, en la que la mayor es la media proporcional entre la menor y la suma de ambas.

Para aquellos que no están familiarizados con las ciencias matemáticas, podemos simplificarlo diciendo que, basándose en esta proporción, es posible construir una serie infinita de formas y estructuras caracterizadas por una belleza sorprendente.

Todo conocimiento se basa en la observación, y los antiguos matemáticos tomaron de la naturaleza las formas geométricas y proporciones que luego desarrollaron.

Todos podemos notar la belleza impresionante de un copo de nieve visto al microscopio, la elegante disposición de los pétalos de una rosa o la estructura rigurosa de las escamas de una piña. Sin embargo, solo un observador atentoreconocerá la relación que une todos estos elementos con la divina proporción.

La figura geométrica más conocida que la representa es el Rectángulo Áureo (cuando se divide su lado largo por el corto, se obtiene el número 1,618…). A partir de este rectángulo, se desarrolla una espiral logarítmica.

La Sección Áurea siempre ha asumido características religiosas y metafísicas debido a sus peculiaridades. Es única, trina, irracional e invariable; características que, inevitablemente, remiten a la idea de lo divino.

El conocimiento del Número Áureo ha sido atestiguado durante milenios por obras monumentales que confirman su aplicación, especialmente en arquitectura. Algunos estudiosos incluso lo remontan a la civilización babilónica, ya que se han encontrado bajorrelieves, estelas y tablillas con cálculos matemáticos que sorprenden a los matemáticos modernos por la complejidad de sus elaboraciones.

En la pirámide de Keops, la Proporción Áurea se encuentra en la relación entre la semibase y la altura de la fachada triangular.

También las instrucciones explícitas y detalladas contenidas en la Sagrada Biblia sobre la construcción del Arca de la Alianza parecen presuponer el conocimiento del Número Áureo. La relación entre la longitud y la anchura, medida en codos, es muy cercana a la Proporción Áurea.

Leemos en el Libro del Éxodo:

"Harán un Arca de madera de acacia; su longitud será de dos codos y medio, su anchura de un codo y medio, y su altura de un codo y medio."

Y más adelante:

"Harás un propiciatorio de oro puro; su longitud será de dos codos y medio y su anchura de un codo y medio." (1,6...)

No puede ser casualidad que Dios mismo establezca detalladamente que el signo de Su Alianza, un objeto lleno de misterios sin resolver, se fundamente en la Proporción Áurea.

Asimismo, el altar judío para los sacrificios tenía una longitud de 2,2 metros y una altura de 1,3 metros (1,619...), un valor que se aproxima al Número Áureo, con un margen de error insignificante considerando los métodos de medición de la época.

El Papa Benedicto XVI, el papa erudito, al citar al profeta Sofonías, destacó la analogía entre el Arca de la Alianza y el vientre de María como morada de Dios. Podemos añadir, a la luz de nuestro estudio, que también en el rostro de Maríaencontraremos la Divina Proporción.

No es casualidad que la presencia de esta proporción en toda la naturaleza y el universo haya sido llamada:

"La firma de Dios."

A lo largo de la historia, muchos de los ejemplos arquitectónicos más célebres han seguido esta proporción:

- El Templo de la Concordia,
- El Partenón,
- El Arco de Trajano en Benevento,
- La catedral de Notre Dame,
- La catedral de Colonia,
- El Duomo de Milán,
- El portal de Castel del Monte.

También los grandes pintores se han basado en la Sección Áurea en sus obras. La encontramos en:

- Giotto (Madonna de Ognissanti),
- Piero della Francesca (La Flagelación de Cristo),
- Rafael,
- Leonardo da Vinci,
- Y muchos otros hasta llegar a "El Modulor" de Le Corbusier.

El nombre de "constante de Fidias" (Φ o phi) proviene precisamente de Fidias, el escultor y arquitecto del Partenón, quien hizo un amplio uso de la Sección Áurea en sus creaciones.

No debe sorprendernos la ausencia de registros escritos o de elaboraciones teóricas sobre este conocimiento antes del 300 a.C..

Fue en esta época cuando se escribió el tratado "Elementos de Geometría", del matemático griego Euclides. En esta obra, Euclides recopiló y sistematizó todo el conocimiento matemático de su tiempo, probablemente adquirido a lo largo de sus viajes, organizándolo por primera vez con fines de divulgación y estudio avanzado.

Esto requirió una exposición clara y detallada, ya que los matemáticos griegos habían introducido en la investigación el principio fundamental de la "demostración".

De este modo, Euclides adoptó un enfoque profundamente innovador en la transmisión del conocimiento, que, a través de la divulgación, se volvía accesible a cualquier persona interesada en aprender.

Así, el saber matemático dejaba de ser un conocimiento exclusivo, celosamente guardado y administrado solo por los sabios, para convertirse en patrimonio de toda la humanidad.

La redacción y copia manual de los libros, así como el uso de papiro y pergamino como soporte gráfico, suponían un coste económico difícil de afrontar para quienes no contaban con amplios recursos, quedando automáticamente excluidos de este tipo de comunicación.

Por otra parte, en el mundo antiguo, la única forma de transmisión del conocimiento permitida, aunque no generalizada, era la que se daba entre "sabios". A menudo, eran las castas sacerdotales, pertenecientes a unos pocos clanes familiares, quienes gestionaban el saber, acumulando junto al poder religioso, el político y el cultural. El prestigio derivado del conocimiento se utilizaba como una herramienta para legitimar y perpetuar el poder.

Solo con el Renacimiento, al menos en Europa, y con la invención de la imprenta, se consolidó la idea de que el saber podía y debía difundirse.

Así comenzó el itinerario que llevaría a los Enciclopedistas y, posteriormente, a los Ilustrados a difundir el conocimiento, convirtiéndolo en un patrimonio compartido.

Es, por tanto, a comienzos de la Edad Moderna cuando ocurre la revolución cultural que convertiría el conocimiento en una oportunidad de crecimiento accesible, al menos en potencia, a toda la sociedad.

En 1202, el gran matemático Leonardo de Pisa, conocido como Fibonacci (filius Bonacci), introdujo las cifras indo-arábigas, que aún hoy se utilizan en todo el mundo. Con ellas, incorporó propiedades algebraicas y geométricas e implementó una innovación extraordinaria: la introducción del símbolo del cero ("0") en los cálculos, hasta entonces ausente en la numeración romana.

Enunció en su Liber Abaci la teoría de la "Sucesión Recursiva", según la cual, en una serie de números, cada término es la suma de los dos anteriores:

- 0 + 1 = 1
- 1 + 1 = 2
- 1 + 2 = 3
- 2 + 3 = 5
- ...

Esta sucesión tiene múltiples correlaciones en la naturaleza.

No fue hasta 1611 cuando Kepler descubrió la relación entre la serie de Fibonacci y el Número Áureo: el cociente entre dos números consecutivos de la serie se aproxima progresivamente a 1,618…, subrayando aún más el hecho de que este número parece gobernar misteriosamente todo el Universo.

Por ejemplo:

- El número de pétalos en casi todas las flores sigue la serie de Fibonacci:
  - 3 en los lirios,
  - 5 en los ranúnculos,
  - 8 en el delphinium,
  - 13 en la caléndula,
  - 21 en el astro,
  - 34, 55 o 89 en las margaritas.
- Las semillas del girasol respetan esta proporción al distribuirse en dos espirales que siguen los números de Fibonacci.
- La misma regla rige la disposición de las escamas de las piñas y de los frutos del ananá.
- Las hojas de los árboles crecen de manera que optimizan la captación de luz solar y agua de lluvia. Si contamos las hojas desde la primera hasta la que se alinea perfectamente con ella, encontraremos un número de la serie de Fibonacci. Lo mismo ocurre si numeramos los giros que realizan hasta alinearse.
- Esta proporción también se encuentra en los panales de abejas, en los moluscos nautilus, en las caracolas, e incluso en los ammonites fósiles, recordándonos que esta relación ha existido desde siempre.

Cómo y por qué ocurre esto sigue siendo un misterio sin resolver, pero no por ello menos fascinante.

El científico Albert Einstein dijo al respecto:

"El misterio es la experiencia más extraordinaria que podemos vivir... Quien sabe y no siente asombro, quien ya no se maravilla de nada, es como un muerto, como una vela apagada que ya no da luz."

Alrededor del 1600, Galileo Galilei enunció los principios de la investigación científica, que aún hoy consideramos fundamentales, e introdujo el método experimental en medio de dramáticas incomprensiones.

Definió la matemática como el instrumento esencial para leer el "bellísimo libro del Universo" y para comprender el lenguaje de la naturaleza.

"Sin ella, es como vagar sin rumbo por un oscuro laberinto."

Lejos de sostener posiciones heréticas, simplemente estaba demasiado adelantado en su investigación en comparación con los dogmáticos conformistas de la época, cuando escribió:

"... pero en cuanto a las verdades que nos revelan las demostraciones matemáticas, estas son las mismas que conoce la sabiduría divina."

En 1509, Luca Pacioli escribió De Divina Proportione, un tratado sobre la Sección Áurea, acompañado de numerosos dibujos y esquemas elaborados por Leonardo da Vinci, quien, además, fue el autor del famosísimo estudio sobre las proporciones humanas, representado en el Hombre de Vitruvio.

Este tratado, de gran importancia, merece un análisis más profundo, necesario para el desarrollo de nuestras próximas argumentaciones. De hecho, constituye una síntesis organizada de conceptos y conocimientos que, sin duda, ya circulaban y eran aplicados en los círculos intelectuales y artísticos de la época.

LA DIVINA PROPORCIÓN

Luca Pacioli, fraile franciscano del siglo XV, supo reconocer las implicaciones teológicas de los elementos de la Sección Áurea, ampliamente representados en la naturaleza y en toda la creación.

En su tratado, cita con frecuencia el Libro de la Sabiduría, donde se dice:

"Dios ha hecho todas las cosas con medida, proporción y orden."

De ello se desprende que es posible buscar la armonía de la belleza en la Creación. Además de la observación cuidadosa de los elementos de la naturaleza, Pacioli consideró oportuno ilustrar estos conceptos a través de la geometría.

Si sustraemos de un Rectángulo Áureo el cuadrado construido sobre su lado menor, obtenemos otro Rectángulo Áureo.

Si, por el contrario, añadimos a un Rectángulo Áureo el cuadrado construido sobre su lado mayor, obtenemos también otro Rectángulo Áureo.

Repitiendo esta operación indefinidamente, se genera una sucesión de rectángulos áureos que enmarcan una espiral logarítmica.

Más adelante, descubriremos que la armonía de la Proporción Divina se encuentra en todo el cosmos, desde la espiral áurea de la Vía Láctea hasta la doble hélice del ADN, e incluso en la huella dactilar y la forma del huevo.

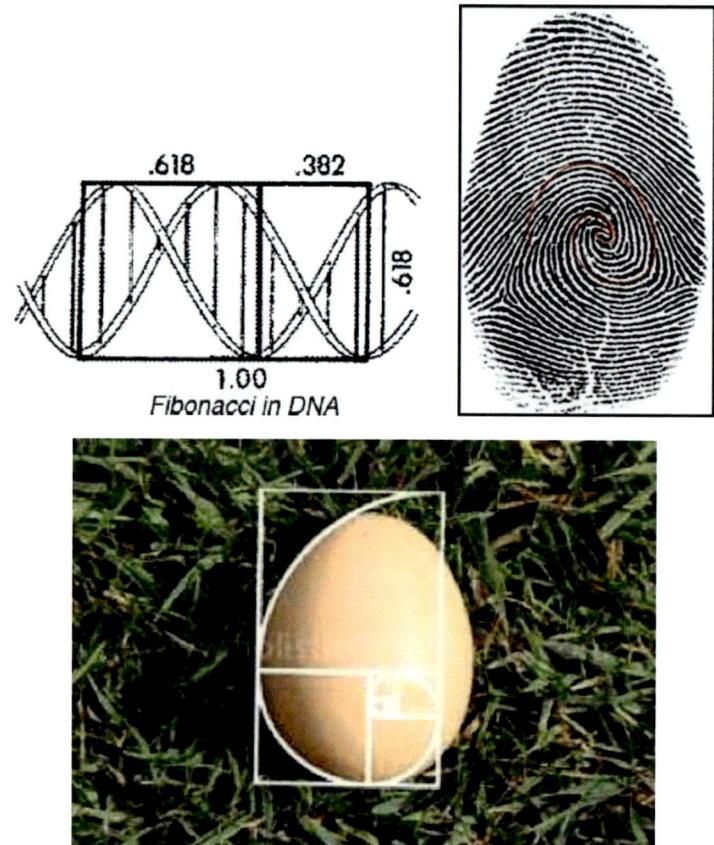

Fibonacci in DNA

Luca Pacioli fue amigo de Leonardo da Vinci, quien colaboró con la ilustración del tratado. En uno de sus magníficos dibujos, se representa un rostro humano perfectamente inscrito en un Rectángulo Áureo.

Pacioli pertenecía a aquella facción de la Orden Franciscana que, bajo la guía de Antonio de Padua, promovía la evangelización a través de la cultura. También él estaba convencido de que el conocimiento y la ciencia eran caminos que necesariamente conducían a Dios.

Esto estaba en fuerte contraste con la tesis ampliamente dominante en la época, aunque pesimista, de que el conocimiento traía confusión y que solo los "pastores sabios" debían guiar al pueblo.

De manera simétrica, aunque con la misma arrogancia, cierto iluminismo laico posterior descartó rápidamente todas las manifestaciones de lo sagrado, considerándolas útiles solo para los ignorantes, en nombre del Conocimiento.

El tratado de Pacioli, que extiende el concepto de Divina Armonía a otros ámbitos del saber, como la economía y el arte, sigue siendo un texto vigente y relevante.

La armonía del universo y la imagen de Dios

La visión de Pacioli describe una armonía cósmica en la que el hombre mismo está inserto, incluso en su armonía física.

Por ello, sería lógico pensar que, sin la aparición del mal con el pecado original, todos los hombres habrían sido físicamente armoniosos, sin deformaciones ni enfermedades.

Dios creó al hombre "semejante" a Él, pero fue el deseo insensato de ser "igual" a Dios lo que introdujo el desorden en la Creación.

En el designio de la redención, Dios se encarnó y se hizo verdadero hombre, sin dejar de ser verdadero Dios.

Por lo tanto, podemos considerar razonablemente que la belleza y la armonía, presentes de manera ubicua en la Creación, también se expresaron en esta circunstancia.

Esta reflexión, en el fondo bastante evidente, sin duda inspiró a los artistas que representaron al Dios encarnado con las facciones de Jesús de Nazaret.

Como se ha mencionado, la imagen de Jesús ha sido reproducida numerosas veces desde los primeros siglos, siempre con características que remiten al rostro de la Sábana Santa.

Este dato nos lleva inevitablemente a concluir que la Sábana Santa fue el modelo inspirador.

La hipótesis contraria: ¿inspiración en el arte previo?

Es cierto que algunos opositores radicales a la autenticidad de la Sábana Santa han llegado a sugerir que su autor, en lugar de ser una fuente de inspiración, se basó en la iconografía cristiana preexistente.

Sin embargo, esta hipótesis parece extremadamente improbable, especialmente a la luz de los datos que examinaremos más adelante.

De hecho, hemos aplicado, con la ayuda de técnicos especialistas y programas de diseño computarizado, los criterios geométricos de la Proporción Áurea al rostro de la Sábana Santa.

Los resultados de este análisis nos revelarán aspectos sorprendentes, que reforzarán aún más la relación entre la imagen sindónica y la armonía divina.

Es sorprendente constatar que, incluso en un lienzo que ha sido sometido a tracciones, manipulaciones, accidentes y vicisitudes de todo tipo durante dos milenios, estas proporciones se han mantenido.

Esto solo es posible porque, de alguna manera, se trata de una "fotografía", sin importar cuál haya sido la energía que la produjo. Trasladar este esquema a una superficie que no sea plana no habría sido posible de otro modo.

Hemos analizado el rostro, que es la parte más conocida del Hombre de la Sábana Santa, y que constituye, para todos los seres humanos, el primer punto de referencia para el conocimiento y la comunicación (no por casualidad, es el elemento fundamental en todos los documentos de identidad).

El rostro humano es la parte frontal de la cabeza, abarcando desde la frente hasta el mentón.

Análisis antropométrico y Proporción Áurea

La Antropología Física establece los Puntos Métricos que se utilizan para las mediciones anatómicas, tanto en individuos vivos como en esqueletos.

Los Diámetros Faciales y los Índices Faciales permiten determinar las características y diferencias entre las distintas especies humanas.

La anatomía del rostro ha sido estudiada en las descripciones de Vitruvio y en las ilustraciones de Leonardo da Vinci, quien representó el rostro humano inscrito en la estructura geométrica de la Sección Áurea.

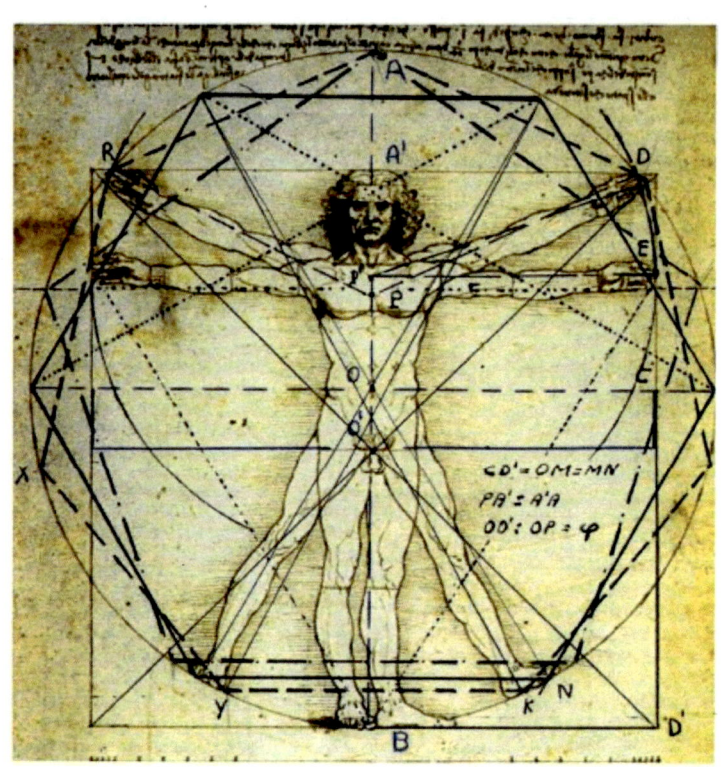

De hecho, Leonardo aplicó esta proporción, de un impacto visual asombroso, en el retrato más famoso del mundo: La Gioconda.

Aunque se trata de un retrato de tres cuartos, está perfectamente inscrito en un esquema geométrico basado en la Proporción Áurea.

Dificultades en el análisis del Rostro Sindónico

El estudio del rostro de la Sábana Santa presenta dificultades particulares.

La imagen es difusa y sin contornos, hasta el punto de que es apenas visible a simple vista, precisamente porque no se trata de un dibujo o una pintura.

La ausencia de puntos de referencia específicos ha dificultado enormemente la realización de mediciones precisas.

Como se ha demostrado, la imagen se produce únicamente por la densidad de las fibras de celulosa afectadas, sin que existan variaciones de color, sino únicamente diferencias de tonalidad.

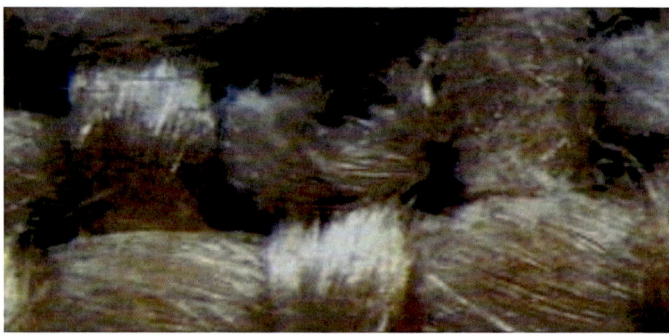

Imagen de las fibras de lino.

El cabeza está inclinada hacia adelante, lo que explica por qué no se ve la huella anterior del cuello.

Este detalle ha dificultado aún más el trabajo de los destacados médicos forenses que han intentado tomar medidas precisas.

La parte derecha del rostro, además de los signos de los traumas sufridos, muestra una inflamación, probablemente acentuada por fenómenos hipostáticos, es decir, acumulaciones de sangre por efecto de la gravedad tras la muerte.

Según el profesor Gedda, el espacio entre la imagen anterior y posterior podría deberse a la aplicación sobre el cadáver de una "mentonera": una banda pasada bajo la mandíbula y atada en la parte superior de la cabeza para mantener cerrada la boca.

Esto explicaría también por qué el rostro parece ligeramente estrecho y enmarcado por una banda oscura, que en el positivo aparece marcadamente definida.

En la imagen tal como ha llegado hasta nosotros, es relativamente más sencillo medir la altura del rostro, que es 23,40 cm aproximadamente.

Sin embargo, es menos fácil medir su anchura, debido a la presencia de dos bandas opacas que lo comprimen y que, como sugiere Gedda, serían consecuencia de la mentonera, que habría ejercido una presión sobre la epidermis.

Esta habría sido colocada en el cadáver rodeando la mandíbula y atándola en la parte superior de la cabeza, como era costumbre para mantener la boca cerrada.

Este detalle explicaría también el espacio entre la imagen anterior y posterior del cuerpo, debido al nudo de la mentonera.

Desde un punto de vista anatómico, la epidermis o piel, que recubre todo el cuerpo, tiene un espesor variable de entre 0,5 mm y 4 mm, dependiendo de la edad, el sexo y la complexión del individuo.

El dermis, la capa intermedia, está compuesta principalmente por fibras de elastina, que le otorgan la elasticidad necesaria.

Dado que la imagen de la Sábana Santa representa un hombre joven, armónicamente desarrollado, podemos suponer que su piel tenía un grosor de 4 mm.

A causa de la compresión ejercida por la mentonera, hemos restado razonablemente 1,6 mm a cada lado del rostro.

Siguiendo los cálculos de Judica Cordiglia, hemos corregido la anchura del rostro en 3,2 mm, obteniendo un valor final de 14,46 cm (frente a los 14,78 cm previamente registrados).

Esta aparentemente insignificante corrección ha revelado un resultado sorprendente:

23,4014,46=1,61814,4623,40=1,618

¡Este es, precisamente, el Número Áureo!

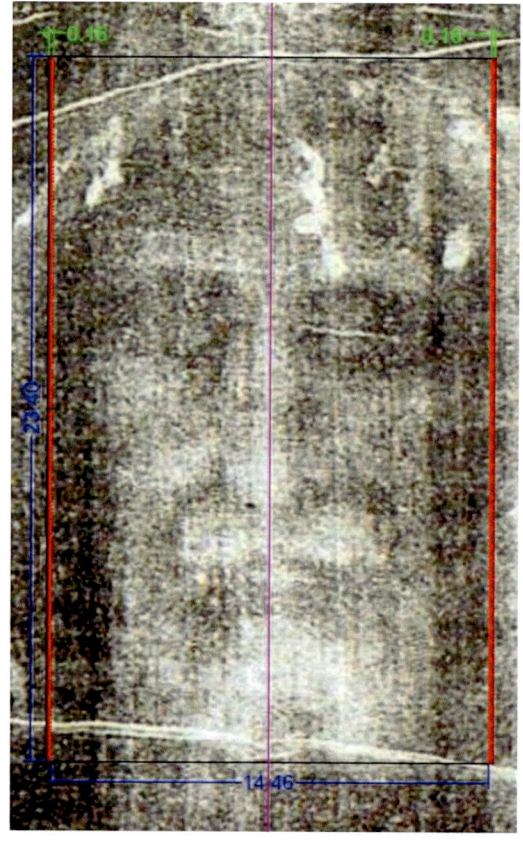

El Rostro de la Sábana Santa está perfectamente inscrito en un Rectángulo Áureo.

Somos conscientes de que estos resultados se han obtenido mediante hipótesis de trabajo que pueden no ser compartidas por todos.

Sin embargo, las imágenes generadas son mucho más impactantes que cualquier cálculo matemático, y cada persona podrá sacar sus propias conclusiones.

Utilizando programas de diseño computarizado y mediciones documentadas, ha surgido un dato asombroso:

El Rostro de la Sábana Santa está perfectamente inscrito en un Rectángulo Áureo.

Y no solo eso.

Una vez obtenido el Rectángulo Áureo, al trazar la espiral logarítmica, esta converge exactamente en el ojo derecho del Hombre de la Sábana Santa.

Curiosamente, en términos geométricos, el punto de convergencia de toda espiral logarítmica se denomina "Ojo de Dios".

Repitiendo la operación desde el lado opuesto, se obtiene exactamente el mismo resultado.

Desde ambos lados, dos espléndidas espirales logarítmicas delimitan el rostro y convergen sobre los ojos.

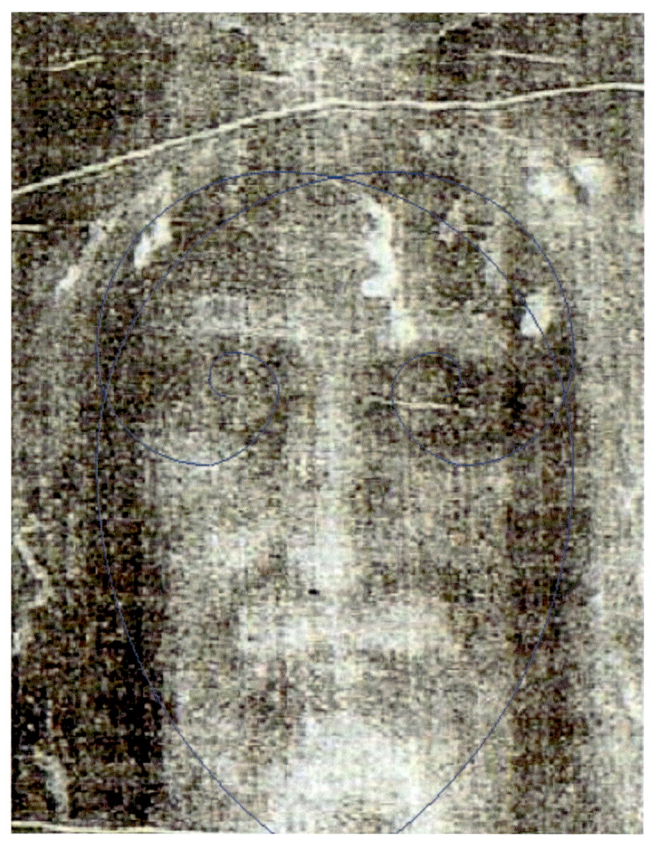

Repitiendo la operación desde el lado opuesto, se obtiene exactamente el mismo resultado.

Esto elimina cualquier posible objeción sobre la correcta identificación de los puntos de referencia en la delimitación del rostro.

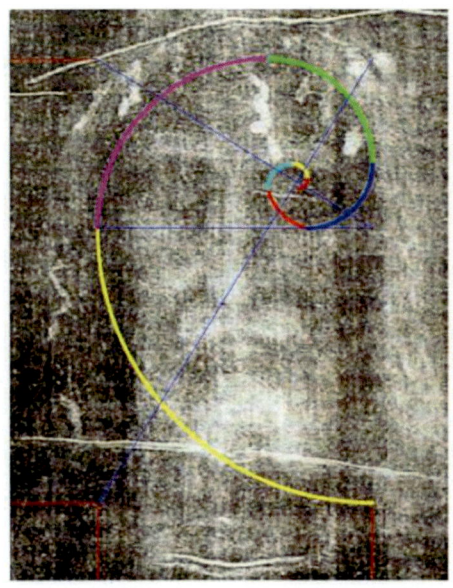
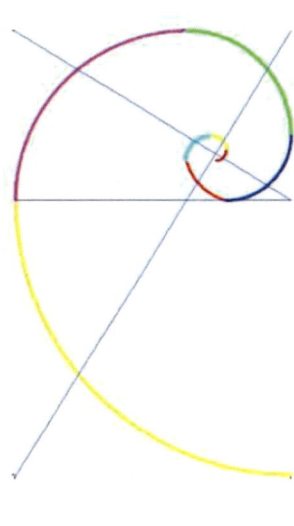

El Rostro Sindónico y la espiral logarítmica.

Sabemos bien que la imagen sindónica podría admitir ligeras variaciones en la ubicación de los planos (aunque solo de unos milímetros), pero la posición de los ojos es innegable.

De hecho, las imágenes obtenidas, que forman parte integral de este estudio, hablarán por sí mismas a la mente y al corazón de cada observador.

Hemos mencionado antes la estrecha relación entre el Número Áureo y la Serie de Fibonacci.

Por ello, no debería sorprendernos que, al aplicar la Sucesión de Fibonacci al rostro de la Sábana Santa, se obtengan resultados extraordinarios.

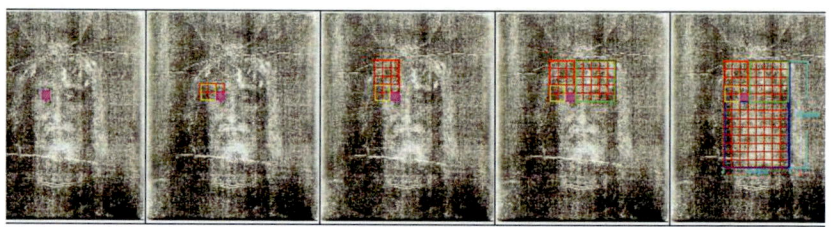

Construyendo una serie de cuadrados siguiendo la sucesión de Fibonacci (1, 2, 3, 5, 8...), el rostro queda perfectamente inscrito en un Rectángulo Áureo.

Fibonacci y el Rostro de la Sábana Santa

76

Conclusión: la belleza de lo divino

El Rostro de la Sábana Santa refleja, como no podía ser de otra manera, los cánones de la Divina Proporción.

Quienes niegan su autenticidad podrían imaginar un falsificador medieval con conocimientos matemáticos superiores a los de Luca Pacioli y con un genio artístico mayor que el de Leonardo da Vinci.

Pero nosotros confiamos en que estas imágenes hablen por sí solas, a quienes se acerquen a ellas sin prejuicios.

No debemos creer, de hecho, que la desaparición de los grupos de poder basados en la pertenencia a castas sacerdotalesy clanes familiares, que se autodenominaban aristocracia (gobierno de los mejores), haya eliminado la tentación de utilizar el conocimiento en beneficio de unos pocos.

Hoy en día, estos grupos se llaman de otra manera (multinacionales, lobbies, grupos editoriales), pero siguen teniendo el mismo interés en que el conocimiento sea restringido e incluso manipulado con el fin de alcanzar objetivos oscuros, muchas veces ilícitos.

Como muchos otros, cursé estudios regulares en instituciones de educación pública, pero no recuerdo haber visto en ningún programa escolar una lección sobre la Sección Áurea.

No considero que se trate de una omisión casual, y en cualquier caso, no se puede negar que este conocimiento debería formar parte del bagaje cultural de todos.

La Sección Áurea y su uso en la publicidad

No todos saben que la Sección Áurea se utiliza de manera completamente descarada en la publicidad, precisamente porque inconscientemente, y podría decirse que automáticamente, percibimos como bello todo aquello que nos es presentado siguiendo la Proporción Áurea.

Podemos encontrar ejemplos en varios modelos de automóviles, pantallas de televisión y otros productos comerciales.

- El logo de Apple, la famosa manzana, fue diseñado aplicando rigurosamente los principios de la Sección Áurea y la Sucesión de Fibonacci.
- El rectángulo amarillo de National Geographic es un Rectángulo Áureo.
- También aplican la Proporción Áurea los logotipos de Toyota, Twitter y Pepsi.

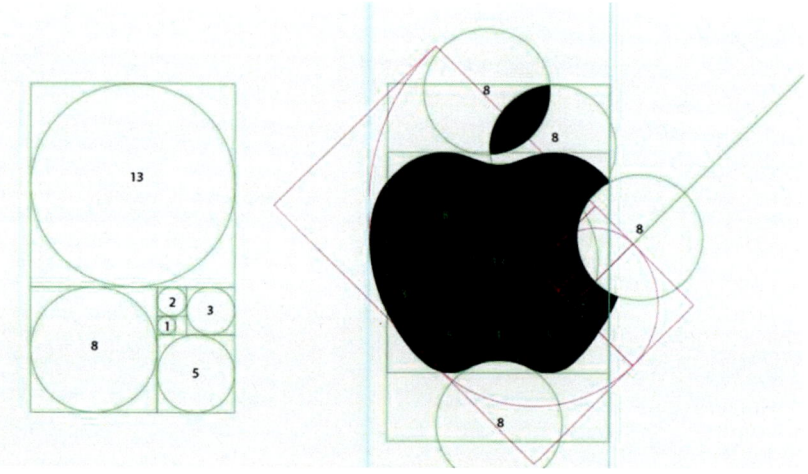

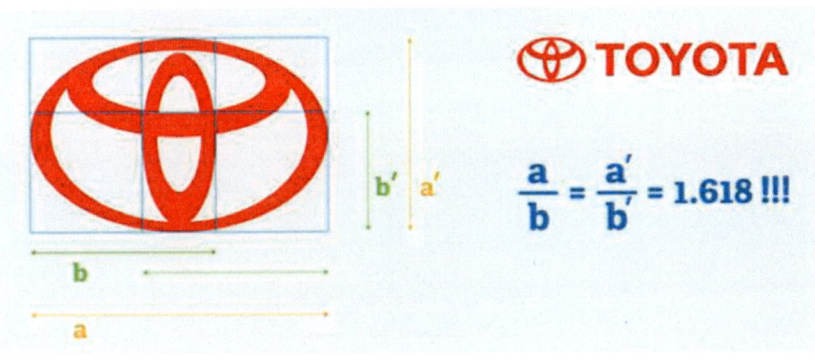

$$\frac{a}{b} = \frac{a'}{b'} = 1.618 \text{ !!!}$$

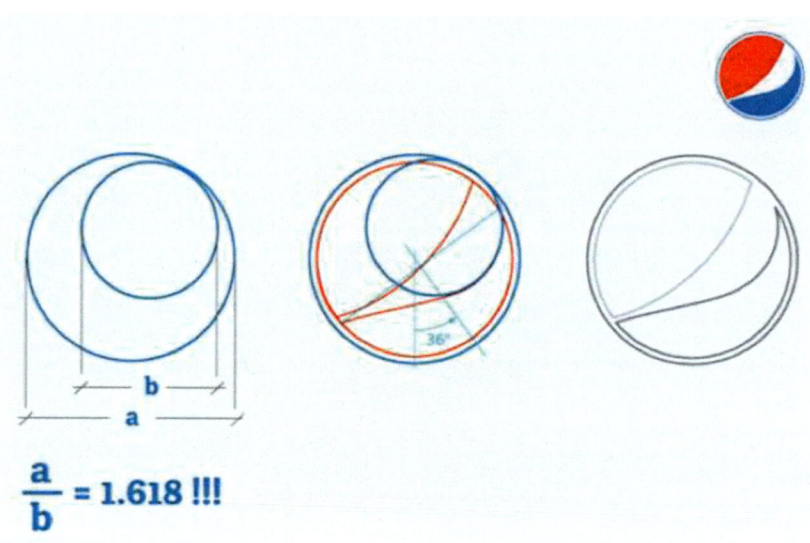

$$\frac{a}{b} = 1.618\ !!!$$

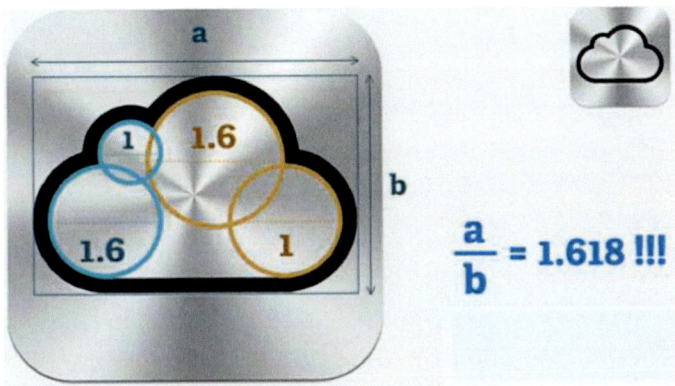

Close-up Engineering: Apple, Twitter y los grandes logotipos construidos con la Sección Áurea

Incluso todas las tarjetas de crédito que utilizamos a diario tienen proporciones áureas.

No me considero parte de los "teóricos de la conspiración", pero me parece evidente que el conocimiento de ciertas verdades es un derecho de todos y constituye una herramienta fundamental para comprender correctamente muchos aspectos de nuestra vida cotidiana.

Como se ha mencionado previamente, en la parte final de este trabajo analizaremos otra imagen, ya mencionada en relación con su belleza, armonía y sorprendentes características, que muchos consideran inexplicables.

Se trata de una efigie que presenta varias similitudes con la Sábana Santa, ya que en este caso tampoco se ha logrado explicar cómo se produjo ni quién la creó:

La Tilma ha sido objeto de nuestra investigación, no solo por sus misteriosas características, sino también porque, como ya hemos señalado, el rostro de la Madre de Jesús (Inmaculada Concepción) refleja los cánones de la Divina Proporción.

LA TILMA DE GUADALUPE

La tilma es una prenda sencilla, confeccionada con fibra vegetal, utilizada en México por los indígenas, quienes obtenían esta tela de una planta común llamada maguey.

El 9 de diciembre de 1531, el indígena Juan Diego Cuauhtlatoatzin (proclamado santo por el papa Juan Pablo II) tuvo una aparición de la Virgen María, quien le pidió que se construyera un santuario en su honor en el lugar de la aparición. Juan Diego llevó esta solicitud al obispo Juan de Zumárraga, quien no le creyó y le pidió pruebas más concretas. En una aparición posterior, Juan Diego recogió flores inusuales para la región y, el 12 de diciembre, las llevó al obispo. Al presentarlas, frente a varios testigos, apareció milagrosamente la imagen de la Virgen en la tilma.

Impactado y conmovido, el obispo ordenó de inmediato la construcción del santuario solicitado.

La imagen de la Virgen de Guadalupe, venerada hoy en todo el mundo, adquirió popularidad inmediata. Andrea Doria incluso llevó una copia de la tilma en su nave durante la batalla de Lepanto, como un regalo de Felipe II.

Según la tradición, el nombre "Guadalupe" fue revelado por María misma y proviene de la transcripción en español de una definición azteca: *"La que aplasta la serpiente"* (Génesis 3:15).

Al igual que con la Sábana Santa, sobre esta imagen compleja y misteriosa se han escrito innumerables libros y se han realizado numerosos estudios, incluso empleando tecnologías avanzadísimas, pero aún persisten muchas preguntas sin respuesta.

También en este caso, se trataría de una imagen "acheropita", es decir, no pintada por mano humana. La técnica con la que fue realizada sigue siendo desconocida hasta hoy.

La Tilma no presenta ningún tipo de preparación o imprimación y, dado que el tejido de sus fibras vegetales es de origen artesanal, contiene numerosos espacios vacíos.

Descripción y simbolismo de la Tilma

María se presenta con la apariencia de una joven de piel ligeramente morena y rasgos mestizos (de ahí su apelativo cariñoso de "Virgen Morenita").

Toda la imagen está repleta de símbolos y mensajes, que siguen siendo estudiados y analizados.

Algunos detalles de gran importancia:

- Cinturón oscuro: Sus caderas están ceñidas por una faja de color violeta oscuro, como era costumbre en la época para las mujeres embarazadas.
- Posición sobre la luna: Sus pies descansan sobre la luna, y es sostenida por un ángel con alas de color blanco, rojo y verde, que más tarde se convertirían en los colores de la bandera de México.
- Inclinación del rostro: En absoluto contraste con la iconografía de la época y del lugar, su rostro no está ni de frente ni de perfil, sino que aparece ligeramente inclinado hacia adelante y en tres cuartos.
- Las estrellas en su manto: No están dispuestas al azar, sino que reflejan la posición de las constelaciones en el cielo la noche del 9 de diciembre de 1531.
- Los símbolos florales: El investigador de la cultura azteca Mario Rojas Sánchez ha descubierto que la disposición de las flores en la Tilma corresponde a un mapa de los principales volcanes de México.

Inexplicabilidad científica y resistencia del material

El tejido de la Tilma está compuesto por fibras vegetales, que normalmente se descomponen y se destruyen en un plazo de veinte años (como ha sido demostrado en múltiples experimentos).

Sin embargo, la Tilma ha permanecido prácticamente intacta por más de 500 años.

Al igual que la Sábana Santa, ha sufrido múltiples vicisitudes e incluso un atentado con dinamita, sin ser destruida ni alterada.

El misterio de los ojos de la virgen

Los ojos de la Virgen reflejan la escena del milagro, conforme al efecto óptico de Purkinje-Samson, que explica la forma en que la luz incide en las pupilas desde ángulos mínimos de variación.

Por motivos aún inexplicables, los ojos de la imagen se comportan como los de una persona viva, reflejando en sus pupilas la escena del milagro.

Utilizando tecnologías de ampliación hasta 2500 veces, los estudios han revelado la presencia de 15 personajes reflejados en los ojos de la Virgen.

A día de hoy, ni siquiera con los medios más avanzados de la ciencia moderna sería posible replicar la imagen presente en las pupilas de la Virgen, que ha permanecido inalterada por más de 550 años.

Críticas y la respuesta matemática

Este fenómeno no ha logrado silenciar a los críticos y detractores, quienes han intentado explicarlo con el fenómeno de la pareidolia (la tendencia del cerebro humano a reconocer patrones familiares en imágenes).

Sin embargo, la matemática es un lenguaje objetivo y universal, y no puede dar lugar a interpretaciones subjetivas.

Dado que, como hemos planteado anteriormente, el rostro de la Virgen Inmaculada debería reflejar los mismos cánones de la Divina Proporción que el de su Hijo, aplicamos al rostro de la Tilma los mismos criterios matemáticos utilizados en el estudio de la Sábana Santa.

El rostro de la virgen y la Proporción Áurea

El resultado es asombroso:

El rostro de la Virgen está perfectamente inscrito en un Rectángulo Áureo.

Además:

- Sustrayendo un cuadrado tanto del lado superior como del inferior, aparecen dos Rectángulos Áureos que delimitan los ojos, resaltando precisamente la parte de la imagen que ha generado mayor asombro entre los investigadores.

- Al igual que en la Sábana Santa, aplicamos el procedimiento geométrico de trazar un arco de circunferenciadesde el lado menor sobre el mayor, obteniendo un cuadrado.
- Al sustraer este cuadrado, queda otro Rectángulo Áureo.
- Repitiendo esta operación, se construye una Espiral Logarítmica.

El resultado nos dejó, una vez más, asombrados y conmovidos:

El rostro de María aparece enmarcado por una Espiral Áurea que converge, tendiendo al infinito, exactamente en su ojo izquierdo, que es el dominante.

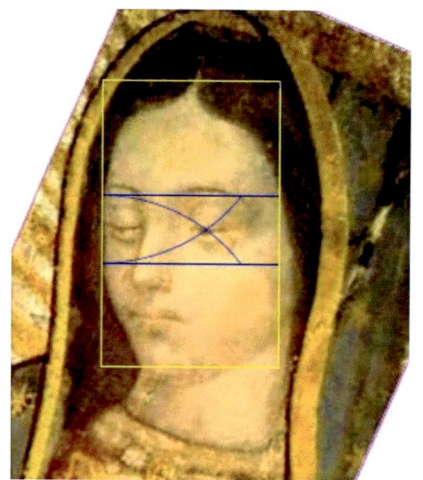 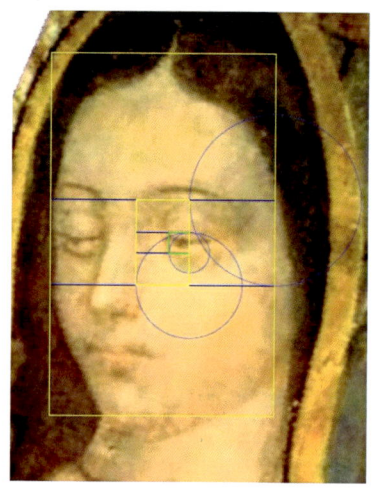

Analogía del procedimiento realizado por Leonardo Da Vinci.

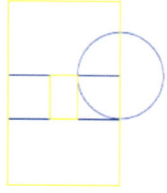  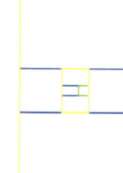 

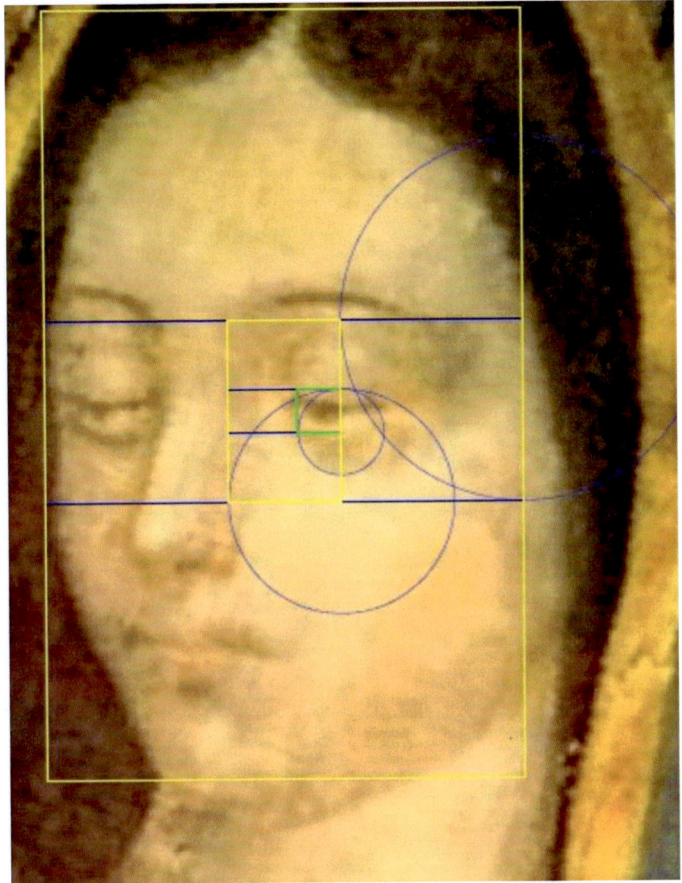

Superposición de la construcción sobre la imagen.

La Tilma y la Sábana Santa: imágenes inexplicables

Ni en la Tilma de Guadalupe ni en la Sábana Santa se han de-tectado rastros de pigmentos o pinturas que definan la imagen.

La forma en que estas imágenes se generaron sigue siendo inex-plicable.

Pero, a menos que imaginemos a un improbable Leonardo da Vinci viajando a México, solo un genio matemático o un artista supremo podría haber "pintado" la Tilma con tal precisión geométrica y simbólica.

Conclusión: un mensaje universal

No profundizaremos aquí en las innumerables características que hacen de la Tilma de Guadalupe la imagen mariana más venerada del mundo.

Incluso el Papa Francisco, durante su visita a México, se detuvo largo rato para contemplarla y venerarla.

Sin embargo, una vez más, dejaremos que cada uno vea lo que nosotros hemos visto y saque sus propias conclusiones.

Reflexión final: el misterio de la fe y la razón

Al llegar al final de este fascinante y enriquecedor recorrido, que hemos querido compartir como testimonio, seguimos convencidos de que las argumentaciones expuestas no pretenden imponer ninguna verdad absoluta.

Concluimos, por lo tanto, con una definición de Dios que respeta profundamente la libertad de cada persona:

"Dios es un gran Señor: deja siempre luz suficiente para ser visto por quien quiere verlo, y oscuridad suficiente para no ser visto por quien no quiere verlo."

Non nobis Domine, non nobis, sed nomini tuo da gloriam. — *San Bernardo de Claraval*. No a nosotros, Señor, no a nosotros, sino a tu nombre da la gloria.